Kürsad Kesici

Integrative Anwendbarkeit von MES-Systemen in Unternehmen mit einem Lean Produktionsumfeld

GRIN Verlag

Bibliografische Information der Deutschen Nationalbibliothek:

Die Deutsche Bibliothek verzeichnet diese Publikation in der Deutschen National-
bibliografie; detaillierte bibliografische Daten sind im Internet über http://dnb.d-
nb.de/ abrufbar.

Impressum:

Copyright © 2012 GRIN Verlag GmbH
Druck und Bindung: Books on Demand GmbH, Norderstedt Germany
ISBN: 978-3-656-32252-8

Dieses Buch bei GRIN:

http://www.grin.com/de/e-book/204890/integrative-anwendbarkeit-von-mes-syste-
men-in-unternehmen-mit-einem-lean

GRIN - Your knowledge has value

Der GRIN Verlag publiziert seit 1998 wissenschaftliche Arbeiten von Studenten, Hochschullehrern und anderen Akademikern als eBook und gedrucktes Buch. Die Verlagswebsite www.grin.com ist die ideale Plattform zur Veröffentlichung von Hausarbeiten, Abschlussarbeiten, wissenschaftlichen Aufsätzen, Dissertationen und Fachbüchern.

Besuchen Sie uns im Internet:

http://www.grin.com/

http://www.facebook.com/grincom

http://www.twitter.com/grin_com

Integrative Anwendbarkeit von MES-Systemen in Unternehmen mit einem Lean Produktionsumfeld

	Semesterarbeit
Fach:	IT-gestützte Prozessmodellierung
Institution:	Fachhochschule Vorarlberg; BWM BPE; Sommersemester 2012
Verfasser:	Kürsad Kesici
Eingereicht am:	Dornbirn, 31.07.2012

Inhaltsverzeichnis

Abbildungsverzeichnis

Tabellenverzeichnis

FHV

Abkürzungsverzeichnis

BDE	Betriebsdatenerfassung
BI	Business Intelligence
CRM	Customer Relationship Management
DF	Digitale Fabrik
ECM	Enterprise Content Management
ERP	Enterprise Ressource Planning
GUI	Graphical User Interface (Grafische Benutzeroberfläche)
IT	Informationstechnik
ISO	International Organization for Standardization
ISO EN	ISO Europäische Norm
JIS	Just in Sequence
JIT	Just in Time
KAIZEN	Japanisch für Kai=Veränderung, ZEN=Zum besseren
KPI	Key Performance Indicators
KVP	Kontinuierlicher Verbesserungsprozess
L6S	Lean Six Sigma
MA	Mitarbeiter
MES	Manufacturing Execution System
MS	Microsoft
PDCA	Plan-Do-Check-Act Methode
PDM	Product Data Management
PLM	Product Lifecycle Management
PEP	Produktentwicklungsprozess
SAP	Systems Application Programming
OEE	Overall Equipment Effectiveness
TPM	Total Productive Maintenance
TPS	TOYOTA Production System
VDA	Verband Deutscher Automobilhersteller
QM	Quality Management

1 Einleitung

1.1 Problemstellung

Die Industrie muss heutzutage auf Veränderungen der Kundenbedürfnisse am „Markt 2.0" schnell reagieren was eine schnelle, simultane Produktentwicklung und Umsetzung in der Produktion erfordert. Hierzu sind schlanke Prozesse notwendig, die es erlauben im Pull-Verfahren auf Produktveränderungen am Markt zu reagieren. Eine Integration der Produktentwicklung wird durch PDM-Systeme umgesetzt und die Integration der Produktion durch so genannte Manufacturing Execution Systeme gewährleistet. Diese MES müssen um eine schnelle Reaktion zu erzielen in die Prozesse und die gesamte IT-Datenlandschaft integriert sein. Die gesamte Industrie folgt dem Trend des schlanken Unternehmens welches es gilt digital in den Produktionssteuerungssystemen zu integrieren. In den Business Intelligence Systeme sollten diese Daten zur weiteren Verwendung bereitgestellt werden und dem Lean Ansatz als Basis zur kontinuierlichen Verbesserung dienen.

1.2 Zielsetzung

Wie kann eine integrierte MES-Lösung in der produzierenden Industrie umgesetzt werden? Ist es möglich alle Aspekte und Bereiche des Lean Management in einer integrierten MES-Lösung umzusetzen? Welche Schwierigkeiten und Probleme entstehen bei dem Versuch verschiedene Systeme zu vereinigen?

1.3 Aufbau der Arbeit

Nach der Einleitung aus Kapitel 1 gibt Kapitel 2 eine kurze Einführung in die verwendeten Begriffe und die Basis für das Kapitel 3 welches sich mit der Auswahl eines gängigen Lean Management Ansatzes befasst und die daraus resultierenden Anforderungen aufnimmt. Kapitel 4 befasst dich mit der Umsetzbarkeit der Anforderungen in diesem Kontext während sich das letzte Kapitel um die Art und Weise der Umsetzung und einem Fazit befasst.

2 Begriffsdefinitionen und Begriffsabgrenzungen

Nachfolgend wird auf die für die weitere Ausarbeitung relevanten Grundlagen und die konkret Anwendung findende Ausprägung eingegangen. Hierzu gehören das Thema ERP, MES-Systeme, Lean- Management und Grundlagen zum Prozessmanagement.

2.1 Enterprise Ressource Planning-Systeme

„Enterprise Ressource Planning"-Systeme (ERP) unterstützen auf Basis einer gemeinsamen Datenbasis ganzheitlich die betriebswirtschaftlichen Prozesse im Finanzwesen und Controlling, der Produktionsplanung und Steuerung, des Einkaufs und der Logistik, dem Vertrieb und Versand sowie der Personalwirtschaft." (Maassen 2006, S. 1). Die Zielsetzung eines ERP-System kommerzieller Hersteller wie SAP, Infor, Oracle, Microsoft, Sage, IFS oder Agresso ist die Effizienz betrieblicher Abläufe u.a. in den Bereichen Personalwirtschaft, Datenverwaltung und Produktion zu verbessern. Dies ist die Basis zur Optimierung von Geschäftsprozessen bis hin zur Kundenaquise und Unternehmenspräsentation. Die am Markt befindlichen ERP-Systeme werden nach ihrer Technologie, sprich nach der verwendeten Programmiersprache, der dazu genutzten Datenbank und dem Anwendung findenden Betriebssystem. Als Entwicklungstrend gelten gegenwärtig webbasierte ERP-Systeme welche die Nutzung von Systemoberflächen in Form von Browserfenstern und somit eine plattformübergreifende Anwendung ermöglichen (Vgl. Forcht 2012).

2.1.1 SAP

SAP[1] ist mit seinem Produkt SAP R/3 welches in weiterer Folge SAP ERP genannt wird, in über 120 Ländern von mehr als 176.000 Kunden angewendet und ist somit eines der weltweit am meisten verbreiteten Anwendung für ERP (SAP AG 2011). Inzwischen ist die Version SAP ERP 6.0 welches auf SAP Netweaver aufbaut. Die Module gliedern sich in drei Bereiche welche Logistik, Personalwesen und Rechnungswesen sind (Vgl. Gubbels 2009, S. 39).

2.1.2 Oracle EBS

Oracle ist mit seinen Produkten der weltweit größte Anbieter von Datenbanklösungen. Oracle bietet ein ganzes Portfolio an Anwendungen im ERP-Umfeld an, wobei die bekanntesten Vertreter Oracle E-Business Suite, Peoplesoft Enterprise, JD Edwards

---

[1] SAP steht für Software, Anwendungen und Produkte in der Datenverarbeitung (Maassen 2006, S. 4)

Enterprise One, Hyperion sind (Vgl. Grammer 2011, S. 88). Der größte Anteil ist die Oracle EBS Lösung welche derzeit in der Version 12.1 am Markt ist und die Module Asset Lifecycle Management (ALM), Customer Relationship Management (CRM), Enterprise Ressource Planning (ERP), Procurement, Product Lifecycle Management (PLM), Manufacturing und Supply Chain Management (SCM) beinhaltet (Vgl. Oracle 2012).

2.2 MES- Systeme

Die VDA Norm beschreibt MES-Systeme folgendermaßen: *„Ein Manufacturing Execution Sytem (MES) ist ein prozessnah operierendes Fertigungsmanagementsystem oder Betriebsleitsystem. Es zeichnet sich gegenüber den ERP Systemen durch die direkte Anbindung an die Automatisierung aus und ermöglicht die zeitnahe Kontrolle und Steuerung der Produktion"*(VDA 2009, S. 2). Es soll somit die Lücke zwischen der Planung im ERP System und der Ausführung in der Fertigung schließen. Man kann auch sagen dass es die Verbindung der betriebswirtschaftlichen und der ingenieurswissenschaftlichen Informationsverarbeitung herstellt (Vgl. Kurbel 2005, S. 264).

2.2.1 Aufgaben von MES-Systemen

MES Systeme müssen bestimmten Anforderungen entsprechen. Diese sind die vollständige Abbildung aller Anforderungen unterhalb eines ERP/PPS Systems, sprich der horizontalen Integration. Als Standardsoftware muss basierend auf gängigen Standards, eine modulare Softwarestruktur mit der Möglichkeit der Ausbaufähigkeit entsprechend den Anforderungen der Anwender gegeben sein. Die Anpassbarkeit muss basierend auf gängigen Standards sowohl auf die Prozesse als auch auf den funktionalen Anforderungen durchführbar sein. Die Verfügbarkeit von standardisierten Schnittstellen auf allen Ebenen muss gewährleistet sein (Vgl. Kletti 2005, S. 104).

2.2.2 Integration von MES in die IT-Infrastruktur

MES sind nach dem hierarchischen Unternehmensmodell der DIN EN 62264 vertikal eingebettet zwischen ERP-System und der Automatisierungsebene. Dieses Modell definiert vier IT-Ebenen, die ursprünglich in der Purdue Enterprise Reference Architecure (PERA) beschrieben wurden. MES sind der dritten Ebene zuzuordnen und interagieren mit der angrenzenden vierten Ebene welche die strategische Unternehmensführung und der zweiten Ebene welche die Automatisierungs- und Kontrollsysteme betrifft (Vgl. Gerberich 2011, S. 43).

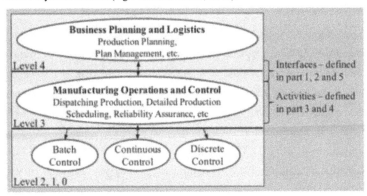

Abbildung 1: Hierarchisches Ebenen Modell nach IEC62264-1

Quelle: (Gerberich 2011, S. 43)

2.2.3 Marktübersicht von MES-Systemen

Heute sind, wie im Anhang zu sehen über 380 Produkte mit dem Namen MES alleine in Deutschland am Markt vertreten. Dies, auch wenn nur Module wie BDE (Betriebsdatenerfassung), MDE (Maschinendatenerfassung) oder Qualitätsdatenerfassungsmodule enthalten sind. Die Auswahl eines geeigneten Systems erweist sich als schwierig, da sich die Unterschiede in Funktion und Leistung nur schwer ermitteln lassen. Hierfür ist eine sehr gute Produktionsprozess-; Technologie und Marktkenntnis erforderlich. Eine interdisziplinäre Vorgehensweise ist unabdingbar für die erfolgreiche Auswahl der passenden Lösung (Vgl. Al-Scheikly; TeDo-Verlag 2010, S. 28).

2.3 Geschäftsprozesse

Ein Prozess beschreibt nach Kuhn einen Prozess als eine geordnete Folge verbundener Aktivitäten, „....die einen definierten Input in einen definierten Output überführen". Unter technisch organisatorischer Betrachtung werden Prozesse häufig als Geschäftsprozesse verstanden. Geschäftsprozesse bestehen aus einer Vielzahl an Aktivitäten in einer definierten Reihenfolge, mit einem festgelegten Input und einem definierten Output, wobei die Ergebnisse sowohl Produkte als auch Leistungen sein können. Über Unternehmensgrenzen hinaus können Schnittstellen zu Kunden, Lieferanten und Partnern aufgezeigt werden (Vgl. Feldhusen; Gebhardt 2008, S. 70 f).

2.4 Lean Management

Nachfolgend werden die gängigsten Lean-Management Ansätze aus der Automobilindustrie erläutert. Dieser so genannte Paradigmenwechsel im Produktiven Umfeld wurde wie in Kapitel 2.5 auch in den Administrativen Bereich transferiert. Das Prozessmanagement unterstützt hierbei das Lean Management durch Vorgehensmodelle und Gestaltungsrichtlinien für das gesamte Unternehmen, einschließlich Kunden- und Lieferantenbeziehungen sowie mit Ansätzen, die Organisation in Richtung einer prozessorientierten Strukturierung mit flacheren Hierarchien weiterzuentwickeln (Vgl. Jochem; Mertins 2010, S. 29).

2.4.1 Das Toyota Produktionssystem (TPS)

Die Keimzelle der schlanken Produktion entstand in den USA durch den amerikanischen Statistiker William Edwards Deming der nach dem zweiten Weltkrieg als Teil der Alliierten Streitmächte nach Japan ging und seine Ideen der Qualitätsverbesserungsmethodik, dem SPC[2] sowie dem Gebrauch des PDCA-Zykluses (Plan, Do, Check, Act) lehrte. Zu dieser Zeit hatte Toyota Probleme mit großen Beständen an Automobilen die nicht den Kundenwünschen entsprachen und somit große Summen von Kapital verschlungen. Die Produktionslinien waren nicht flexibel genug um verschiedene Modelle pro Montagelinie zu montieren. Toyota startete ein umfassendes Programm zur Verbesserung der Qualität und der Erhöhung der Effizienz. Dieses System wurde als synchrones Produktionssystem bekannt. Das Synchrone Produktionssystem basiert auf der Just-in-Time Philosophie und stellt einen Paradigmenwechsel in allen Geschäftsprozessen dar (Vgl. Takeda 2006, S. 15).

---

[2] Statistic Process Control

9

2.4.2 Der (Lean) Six-Sigma Ansatz

Die Ursprünge von Six Sigma liegen in der Elektroindustrie (Motorola) welche durch Statistiker als strategische Initiative entwickelt und eingeführt wurde. Diese Vorgehensweise wurde in den 90er Jahren durch Jack Welch erfolgreich bei General Motors (GM) eingeführt. Bereits 1999 waren unter den Top 100 der „Fortune 500 Liste " bereits 40 Unternehmen. Heute gehören die meisten Six-Sigma Anwender der Automobilindustrie an (Vgl. Gundlach; Jochem 2008, S. 42). 6 Sigma ist eine statistische Methode die versucht, Produkte und Dienstleistungen möglichst „fehlerfrei" zu gestalten. Dazu werden die Anforderungen aus Kundensicht formuliert und anschließend mit statistischen Analysen analysiert um diese zu hinterfragen und geeignete Maßnahmen einzuleiten. Hierzu werden statistische Six-Sigma Level definiert, die auf dem höchsten Level eine Fehlerfreiheit von 99,999 Prozent garantieren sollen (Vgl. Gundlach; Jochem 2008, S. 14 ff). Mikel J. Harry von der Six Sigma Academy hat es bei einer Konferenz im Jahr 2002 folgendermaßen definiert: *„ Six Sigma ist eine umfassende Strategie zur beschleunigten Verbesserung von Prozessen, Produkten und Dienstleistungen (Erzielung von Durchbrüchen), verbunden mit einem System zur Messung der Effizienz von Vorgehensweisen zur Eliminierung von Fehlern und Streuungen in Prozessen, Produkten und Dienstleistungen mit dem Ziel der Erhöhung der Ausbeute. "* (Gundlach; Jochem 2008, S. 15). Der Lean Six-Sigma Ansatz übernimmt die pragmatischen Techniken des TPS zur Vermeidung von Verschwendung entlang der Prozesskette und kombiniert die Geschwindigkeit, die Kunst der Beobachtung und die KAIZEN Vorgehensweise mit der Disziplin der systematischen Vorgehensweise und den statistischen Analyse-Tools von Six-Sigma (Vgl. Gundlach; Jochem 2008, S. 22 f).

2.4.3 Das EFQM-Modell

Das EFQM Modell basiert auf dem Amerikanischen und japanischen Total Quality Management Ansatz. Das European Foundation for Quality Management (EFQM) wurde 1988 von 14 führenden europäischen Unternehmen gegründet. Sie hat es sich zur Aufgabe gemacht die Wettbewerbsfähigkeit europäischer Organisationen zu steigern und die Bedeutung von Qualität in allen Unternehmensbereichen zu fördern. Das EFQM Modell ist in die Kategorien Befähiger-Kriterien und Ergebnis-Kriterien unterteilt. Die Befähiger Kriterien zeigen die eingesetzten Ressourcen und somit auch die Mittel und Wege mit dem ein Unternehmen die Anforderungen des Business

Excellence näher kommt. Hierbei geht es um Fähigkeiten und Voraussetzungen die geschaffen und gefördert werden müssen (Vgl. Hohmann 2009, S. 11). Ein wichtiger Aspekt ist die Prozessorientierung. Hierfür werden Prozesse identifiziert, verstanden und ständig verbessert. Die jeweils verantwortlichen tragen dafür Sorge, dass alle unternehmensrelevanten Prozesse beherrscht werden, effizient sind und reibungslos funktionieren (Vgl. Stumpp 2012).

2.5 Lean Administration/ Lean Office

In den letzten Jahren haben sich neben der klassischen Prozessoptimierung auch im administrativen Bereich Lean Ansätze bemerkbar gemacht. Um die Prozesse der Administration wertschöpfungsorientiert zu analysieren und zu optimieren werden Methoden wie die Auftragsstrukturanalyse, Wertstromanalyse, Tätigkeitsstrukturanalyse und die Informationsstrukturanalyse angewandt. Das Ziel ist es einen ganzheitlichen Ansatz zur kontinuierlichen Verbesserung und der Verringerung der Durchlaufzeit und Verschwendung zu erzielen (Vgl. Hochheimer 2011, S. 151).

2.6 Kennzahlen für das Lean Management

Zur Steuerung der schlanken Produktion bedarf es definierter Kennzahlen um die kurz-mittelfristig- und langfristigen Ziele zu visualisieren und dadurch die Basis für ein visuelles Management zu schaffen. Das MES-System sollte in der Lage sein die hierfür notwendigen Daten aufzunehmen und in den jeweiligen Ebenen darzustellen.

Cockpit	Beschreibung
Qualität	• Interne/externe Reklamationen
	• Ausschuss/Nacharbeit
	• Qualitätskosten
Kosten Produktivität	• Mensch- Mitarbeiterproduktivität
	• Maschine- OEE
	• Prozess- Menge pro Zeit
Lieferzeit	• Lieferzeit
	• Umschlagshäufigkeit
	• Bestände
Mitarbeiter	• Mitarbeiterzufriedenheit (Befragung)
	• Anzahl/Abarbeitung KVP
	• Qualifikationsgrad
Sicherheit/ Umwelt	• Unfall und Krankenquote
	• Informationsquote
	• Anzahl Verbesserungen

Tabelle 1: Mögliche Kennzahlen eines schlanken Systems
Quelle: Eigene Darstellung nach (Reitz 2008, S. 274)

3 Anforderungen an eine integrierte MES

3.1 Auswahl des Lean Referenzmodells

Als Referenzmodell wird der Lean Six Sigma Ansatz gewählt. Dieses ist in der Industrie das am meisten verbreitete, das Toyota Produktionssystem ist hingegen überwiegend in der Automobil-und Automobilzulieferindustrie verbreitet, weshalb es nicht in Betracht kam.

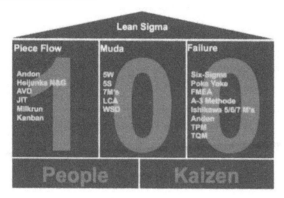

Abbildung 2: Lean Six Sigma Haus
Quelle: (Barrabaß 2011, S. 4)

3.1.1 Auswahl der abzubildenden Bereiche und Kenngrößen

Zur Umsetzung des Lean Six Sigma Ansatzes sind die Bereiche One Piece Flow, Verschwendung (Muda) und der Bereich Qualität von Bedeutung. Die Auswahl erfolgte anhand der Lean Six Sigma Strategie des Unternehmens Huhtamaki Ronsberg GmbH & Co. KG. Diese ausgewählten drei Bereiche gilt es kontinuierlich zu verbessern, wofür eine Visualisierung und Messung der Prozesse notwendig ist. In der Tabelle 2 werden die notwendigen Parameter dargestellt.

1	Andon (Signal: Start/Stopp/Warnung)	5	SPC (Prozessfähigkeit)
2	DLZ (Durchlaufzeit)	6	WSD (Wertstromdesign)
3	Kanban	7	OEE (Overall Equipment Effectiveness)
4	Milkrun	8	Produktivität (Maschine/Mitarbeiter)

Tabelle 2: Mögliche Parameter der Integration der MES
Quelle: Eigene Ausarbeitung

4 Umsetzung einer integrierten MES

Für die vollständige Integration einer MES-Lösung in die bestehende IT-Infrastruktur ist die Voraussetzung einer geeigneten DM-Strategie, die Festlegung der organisatorischen Verantwortung und die Bereitstellung der Daten in der exakt definierten und abgestimmten Form(Vgl. Rothfuss 2012, S. 4). Über die Föderierung der Daten aus der MES und anderen Systemen kann in einem Warehouse in eine Business Intelligence integriert werden. Dies ermöglicht eine angepasste Erstellung von KPI's für den individuellen Anwendungsfall (Vgl. Rothfuss 2012, S. 51 ff). In Bezug auf die technischen Anforderungen ist ein unternehmensweites LAN oder abgesichertes WLAN notwendig. Über dieses Netzwerk muss sowohl die Managementebene als auch die Fertigung und dessen Management miteinander kommunizieren. Die Daten aus der Fertigungsebene werden entweder manuell (Maschinenbediener am Terminal) oder über Maschinenschnittstellen erfasst (Vgl. Kletti 2005, S. 41).

4.1 Machbarkeitsprüfung der Bereiche

Die Umsetzbarkeit soll Bezug auf die acht Kriterien aus dem Kapitel 3.1.1 nehmen. Hierbei sollen die Sinnhaftigkeit, die Defizite und deren Umsetzbarkeit betrachtet werden.

4.1.1 Andon

Die Andon Methode wird auch als Ampelsystem bezeichnet und besitzt zwei Ausprägungen. Einerseits besitzen die Maschinen und Anlagen Vorkehrungen welche eine Anomalität entdecken und die Anlage automatisch anhalten können. Andererseits sind die Mitarbeiter über sogenannte Andonleinen befähigt die Anlage zu stoppen und so am Qualitätsverbesserungsprozess teilzuhaben (Vgl. Gerberich 2011, S. 139). Diese Informationen müssen über die MES gesammelt und in die Datenbank geschrieben werden. Für die Leitstelle und die Mitarbeiter müssen die aktuellen Status jederzeit sichtbar sein, so dass eine schnelle Reaktion ermöglicht wird. Die Daten können direkt aus der Maschinensteuerung, den SPS-Schaltkreisen oder durch manuelle Taster abgenommen werden.

4.1.2 Durchlaufzeit (DLZ)

Die Reduzierung der Durchlaufzeit ist eines der Hauptaugenmerke in der schlanken Produktion. Am Auftragsdurchlauf hängen Lieferzeit, Termintreue, Bestände und Durchsatz. Diese Kenngrößen sind für den Unternehmenserfolg einer der wichtigsten Parameter (Vgl. Kletti 2005, S. 42). Die Aufnahme der Durchlaufzeiten erfordert die umfassende Information über den Bearbeitungsstatus und den Standort des Materials. Dies kann über RFID, Dot Matrix Code oder manuell durch einscannen der Produkte erfolgen. Wichtig ist auch die von der Rohteilanlieferung bis zum Versand durchgängige Datenerfassung um eine aussagekräftige Datenbasis

4.1.3 Kanban

Das Kanbansystem ist für den Pull-Ansatz eines der wichtigsten Tools. Das Kanban wird in der Regel über Karten gesteuert. Wichtig sind die Daten auf der Karte wie Bsp. die Losgröße, Mindestbestellmenge, Bestellnummer und andere logistische Daten. Die Karten können auch in digitaler Form vorhanden sein was über Supermärkte mit definierten Beständen über Signale visualisiert wird. Für das Kanban ist es notwendig Bestände aufzunehmen und zu visualisieren. Die Bestände müssen über Sensoren, Scanner oder RFID-Technologie physisch erfasst und in das System eingepflegt werden. Bei einem Sichtkanban oder E-Kanban müssen diese Daten über Monitore oder über ein geeignetes Userinterface dargestellt werden. Die Vielzahl an Kanbanmethoden erschwert eine einheitliche Erfassung der anfallenden Daten.

4.1.4 Milkrun

Der sogenannte Milkrun beschreibt ein innerbetriebliches Transport- und Liefersystem welches in einem festgelegten Zeitplan definierte Stationen bedient. Für den Milkrun ist es insbesondere bei Führerlosen Systemen notwendig die Fahrzeuge über GPS-Signale auszustatten. Die beförderten Halbfertig- oder Fertiggüter sollten idealerweise durch das MES-System erfasst und im System abrufbar sein, so dass jederzeit Information über den Standort und die Menge verfügbar sind.

4.1.5 SPC (Prozessfähigkeit)

Die Prozessfähigkeit beschreibt die Fähigkeit einen Prozess zu beherrschen und ist eine statistische Größe(Vgl. Barrabaß 2011, S. 3). Für das SPC müssen in festgelegten Intervallen Stichproben aus der Produktion entnommen, gemessen und in Regelkarten eingetragen werden. Dies kann auch Teil- oder Vollautomatisiert erfolgen. Die Daten aus den SPC-Messungen müssen erfasst werden und den einzelnen Teilen zuzuordnen sein, so ist eine eindeutige Fehlerrückverfolgbarkeit und schnelle Reaktion auf vorhandene Reklamationen möglich. Die MES kann die Daten über die Produktionsmaschinen oder Messmaschinen auslesen und an die Datenbank weitergeben.

4.1.6 WSD (Wertstromdesign)

Das Wertstromdesign bildet die Aufnahme der wertschöpfenden Zeiten und Entdeckung der Verschwendung. Dies bildet die Ausgangsbasis für die ständige Verbesserung. Für die Abbildung des Wertstroms ist es wichtig Bestände zwischen den einzelnen Produktionsstufen und die in den Anlagen oder Maschinen befindlichen Produkte ermitteln. Ein Zusammenhang besteht hierbei zwischen den Daten der Durchlaufzeit und den Kanban-Beständen welche in Kombination mit den Produktionszeiten und Rüstzeiten aus den Anlagen und Maschinen. Das Produkt dieser Zeiteinheiten bildet die wertschöpfenden und nicht wertschöpfenden Anteile mit dem Ziel der Erkennung der Notwendigkeit von Kaizen[3]-Maßnahmen.

4.1.7 OEE (Overall Equipment Effectiveness)

Das OEE bildet die Basis für die präventive Instandhaltung und eine sehr genaue Kennzahl für die Verfügbarkeit der Maschinen und Anlagen (Vgl. Reitz 2008, S. 62 f). Die notwendigen Daten für die Berechnung der OEE liefern die Steuerungen der Maschinen oder manuelle Eingabeterminals über Webinterface mit Datenanbindung. Hier ist in der Industrie ein Quasi-Standard durch die Siemens Sinumerik-Steuerungen gegeben welche es ermöglicht die Maschinendaten auszulesen. Über diese Steuerung können auch über eine zentrale Oberfläche sämtliche vorbeugenden Maßnahmen und deren zeitlicher Erfassung geplant und realisiert werden. Die OEE ist die am einfachsten aufzunehmende Kenngröße für eine integrierte MES-Lösung.

4.1.8 Produktivität

Die Produktivität errechnet sich aus dem Quotienten aus Produktionsergebnis (Ausbringung, Output) und einem oder mehreren zur Produktion eingesetzten Produktionsfaktoren (Vgl. Cantner; Krüger; Hanusch 2007, S. 1). In der Industrie wird in Bezug auf die Teamarbeit als Produktionsfaktor das Team bzw. der Mitarbeiter in Verhältnis gesetzt. Zur Ermittlung der Produktivität ist es notwendig eine Schnittstelle zur Datenbank für das HR[4]-System zu implementieren. Diese Kombination aus HR-Daten und OEE-Daten ermöglicht sowohl eine Live Ausgabe der Performance als auch zur weiteren Verwendung der Daten.

---

[3] Kaizen-Einheiten sind zyklische Verbesserungsmaßnahmen nach dem PDCA-Zyklus
[4] Human Ressources

5 Zusammenfassung und Ausblick

5.1 Ergebnisse und notwendige Maßnahmen zur Umsetzung

Lean Management lebt durch die ständige Verbesserung der Prozesse und das eliminieren von Verschwendung. Hierfür werden Methoden und strukturiertes Vorgehen vorausgesetzt. Diese Maßnahmen müssen passend zu den ermittelten Daten parallelisiert laufen und die Möglichkeit geben kausale Zusammenhänge zwischen Maßnahmen und Ergebnissen zu überprüfen. Die Daten müssen über frei skalierbare Schnittstellen verfügen um diese mit den verschiedenen Datenbanken über standardisierte Sprachen wie XML zu koppeln. Die Umsetzung einer integrierten MES basierend auf Lean Prinzipien ist mit den Standard Anwendungen nur bedingt umzusetzen. Günstiger wäre wahrscheinlich eine spezifische Programmierung an die gegebene IT-Landschaft. Die Hauptprobleme bestehen bei den Technologien zur Produktverfolgung, da diese insbesondere RFID noch nicht ausgereift für die industrielle Anwendung sind. Ebenso als schwierig wird sich die Kommunikation der Datensätze untereinander verhalten, da diese eine immense Datenflut erzeugen du die Server belasten würden. Ein weitere wichtiger Punkt ist die Kommunikation zwischen dem MES und dem Produktdatenmanagement welches die Dokumente und Produktspezifikationen als auch das Änderungsmanagement im Produktionsprozess abbilden muss. Das ganze fällt und steht natürlich mit der Qualität der Daten welches ein ausgezeichnetes Master Data Management und eine Master Data Quality voraussetzt. Gerade wenn Mitarbeiter aus der Produktion einmal das Vertrauen in die Datenqualität und das System verlieren ist es nur noch sehr schwierig diese wieder zu gewinnen.

5.2 Fazit und Ausblick

Aus meiner Sicht müssten sich die großen Anbieter von ERP und MES/BDE Systemen zu einem Industriestandard einigen und eine gemeinsame Publizierung von Daten und Formatspezifikationen schaffen. Dies könnten offene Schnittstellen wie API's oder Web Service's sein. State oft the Art für neue Webprodukte wie Fastbill, Amazon, Ebay sind (fast) frei zugängliche Schnittstellen die Drittanbietern ermöglichen eine win-win Situation für alle Beteiligten zu ermöglichen. Unternehmen sind abhängig von den Freigaben der großen ERP-Anbieter welche aus meiner Sicht einen technologischen Fortschritt verhindern. Aus eigener Erfahrung kann ich erwähnen, dass die Einführung einer MES-Lösung von Siemens an den immens hohen Kosten scheiterte, was bedingt durch Abhängigkeiten an Schnittstellen und Datenformaten scheiterte. SAAS und Webservices scheinen eine Alternative zu sein, werden aber innerhalb von Industrieunternehmen nur schwer Fuß fassen können.

Quellenverzeichnis

Al-Scheikly, B.; TeDo-Verlag (Hrsg.): (2010): „IT&Production Manufacturing Execution Systems 2011/12." In: IT&Production Zeutschrift für erfolgreiche Produktion, (2010)

Barrabaß, Susanne (2011): L6S The Lean Six Sigma Approach of Huhtamaki Ronsberg Ronsbergo. J.

Cantner, Uwe; Krüger, Jens; Hanusch, Horst (2007): Produktivitäts- und Effizienzanalyse: Der nichtparametrische Ansatz. Springer

Feldhusen, Jörg; Gebhardt, Boris (2008): Product lifecycle management für Entscheider: ein Leitfaden zur modularen Einführung, Umsetzung und praktischen Anwendung. Wiesbaden: Springer

Forcht, Raimund (2012): ERP Systeme. erpsysteme.com. Online im Internet: http://www.erpsysteme.com/ (Zugriff am: 21.05.2012)

Gerberich, Thorsten (2011): Lean Oder Mes in Der Automobilzulieferindustrie: Ein Vorgehensmodell Zur Fallspezifischen Auswahl. Gabler Wissenschaftsverlage

Grammer, Peter A. (2011): Der ERP- Kompass: ERP-Projekte zum Erfolg führen. Heidelberg: Hüthig Jehle Rehm

Gubbels, Holger (2009): SAP ERP® Praxishandbuch Projektmanagement: SAP ERP® als Werkzeug für professionelles Projektmanagement- aktualisiert auf ECC 6.0. Waldorf: Vieweg +Teubner

Gundlach, Carsten; Jochem, Roland (2008): Praxishandbuch Six Sigma: Fehler vermeiden, Prozesse verbessern, Kosten senken. Symposion Publishing GmbH

Hochheimer, Norbert (2011): Das kleine QM-Lexikon: Begriffe des Qualitätsmanagements aus GLP, GCP, GMP und EN ISO 9000. 2. Aufl.−†Weinheim: John Wiley & Sons

Hohmann, Karin (2009): Unternehmens Excellence Modelle: Das Efqm-modell. Hamburg: Diplomica Verlag

Jochem, Roland; Mertins, Kai (2010): Prozessmanagement: Strategien, Methoden, Umsetzung. Knothe, Thomas (Hrsg.): Düsseldorf: Symposion Publishing GmbH

Kletti, Jürgen (2005): MES- Manufacturing Execution System: Moderne Informationstechnologie zur Prozessfähigkeit der Wertschöpfung. Springer DE

Kurbel, Karl (2005): Produktionsplanung und -steuerung im Enterprise Resource Planning und Supply Chain Management. Oldenbourg Verlag

Maassen, André (2006): Grundkurs SAP R/3: Lern- und Arbeitsbuch mit durchgehendem Fallbeispiel - Konzepte, Vorgehensweisen und Zusammenhänge mit Geschäftsprozessen. 1. Aufl. Wiesbaden: Vieweg +Teubner

Oracle (2012): Oracle E-Business Suite | Applications | Oracle. Online im Internet: http://www.oracle.com/de/products/applications/ebusiness/index.html (Zugriff am: 31.05.2012)

Reitz, Andreas (2008): Lean TPM: In 12 Schritten zum schlanken Managementsystem- Effektive Prozesse für alle Unternehmensbereiche- Gesteigerte Wettbewerbsfähigkeit durch KVP- Erfolge messen mit der Lean-TPM-Scorecard. München: MI Wirtschaftsbuch

Rothfuss, Gunther (2012): Vorlesung im Sommersemester 2012 in der Lehrveranstaltung Datenintegration Dornbirno. J.

SAP AG (2011): SAP auf einen Blick. Online im Internet: http://www.sap.com/corporate-de/our-company/business-in-brief.epx (Zugriff am: 07.12.2011)

Stumpp, Henning (2012): EFQM Qualitätsmanagement Qualitätsbeauftrage/r TÜV. qualitaetsmanagement-lernen. Online im Internet: http://www.qualitaetsmanagement-lernen.de/qualitaetsmanagement/efqm.php (Zugriff am: 29.05.2012)

Takeda, Hitoshi (2006): Das synchrone Produktionssystem: Just-in-time für das ganze Unternehmen. 5. Aufl.¬†Landsberg: MI Wirtschaftsbuch

VDA (2009): VDMA 66412-1; Manufacturing Execution Systems (MES) Kennzahlen Verband Deutscher Maschinen- und Anlagenbau e.V. (VDMA)o. J.